Lb 55 2138

UN MOT

A LA BOURGEOISIE

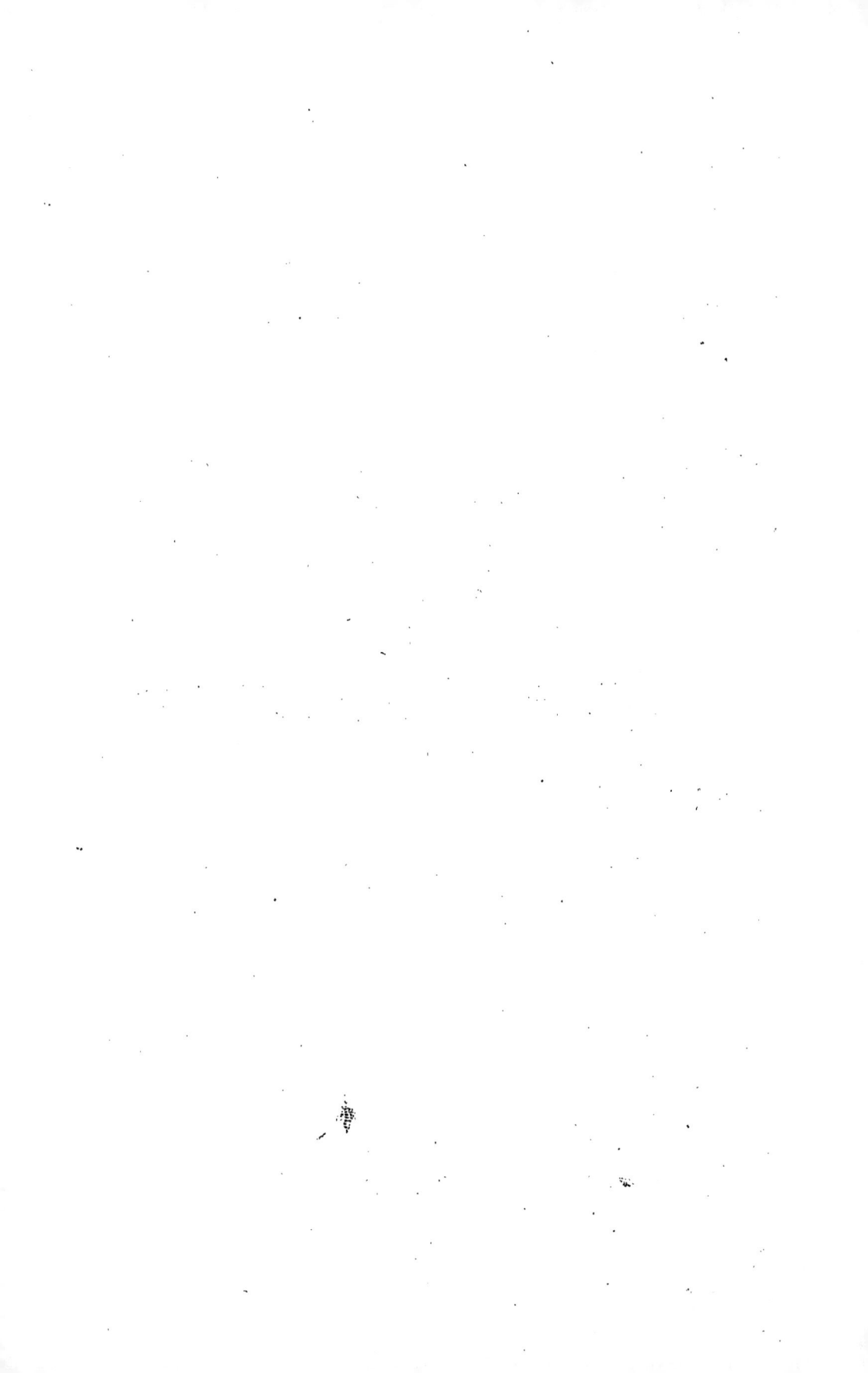

UN MOT

A LA BOURGEOISIE

Par M. Léon SANDON,

ANCIEN AVOCAT-GÉNÉRAL, AVOCAT A LIMOGES.

Ama et fac quod vis.
(Evangile.)

LIMOGES,
ARDILLIER, IMPRIMEUR-LIBRAIRE, PLACE DES BANCS
—
8 JUILLET 1851.

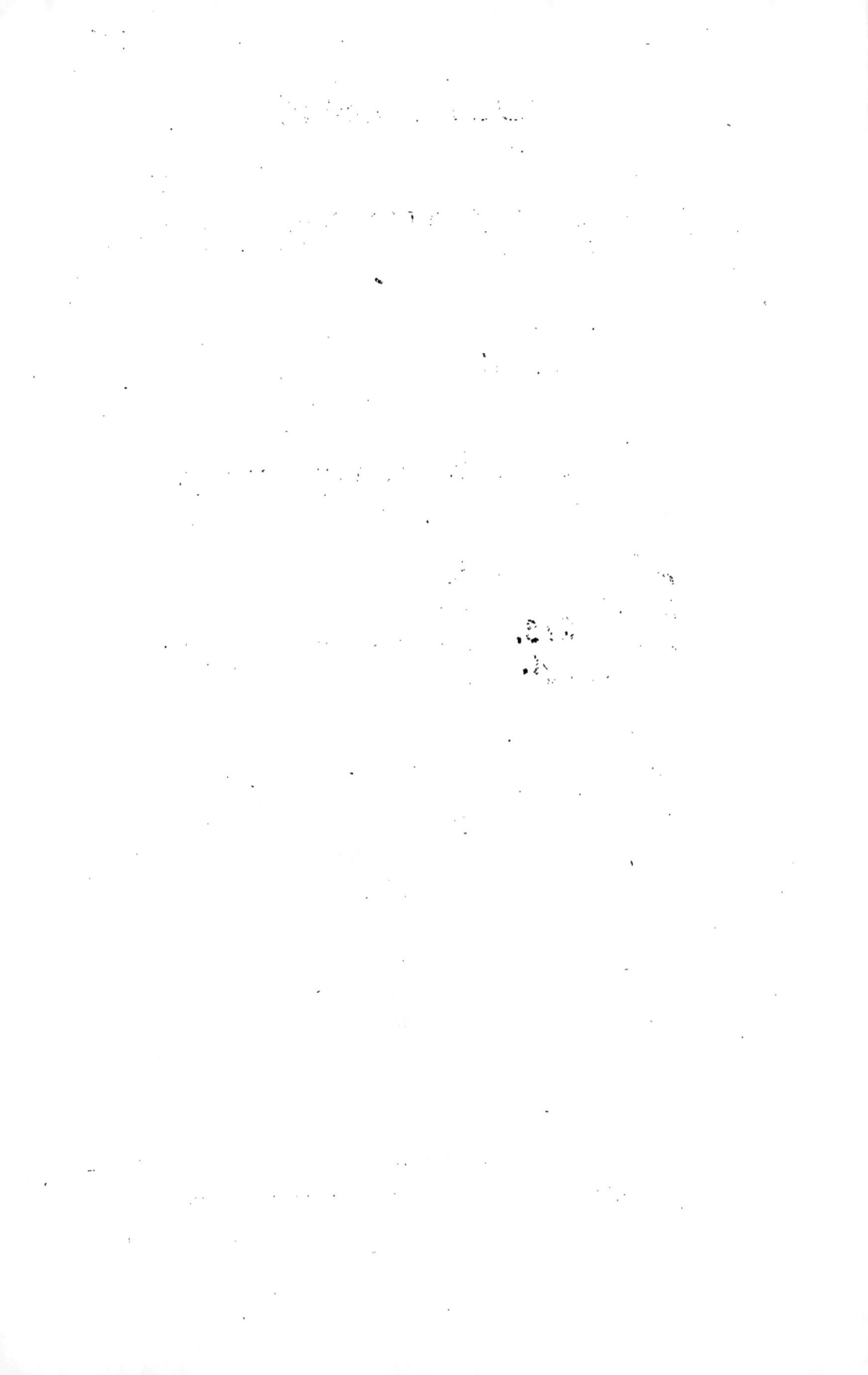

A M. L'ABBÉ RABOISSON,

CURÉ DE CRESSAT.

MON CHER MAITRE,

Je vous dédie cette petite brochure. C'est un simple coup d'œil qui a peut-être quelque à-propos aujourd'hui, qui n'en aura plus demain. Les choses vont si vîte!... La Providence nous donne des leçons si inattendues!... Je ne sais quelle valeur ont par elles-mêmes ces quelques pages; je sais seulement que l'intention en est pure.

Je vous la dédie, car je tiens de vous mes premières impressions de christianisme et de démocratie, devenues, depuis, des convictions réfléchies. Sans doute, ces convictions m'ont fait dédaigner la vie calme et paresseuse qui semblait m'être destinée, que me promettaient, dans ma petite ville, ma fortune, ma position, mes relations de famille; elles m'ont jeté en proie aux fatigues de la lutte, aux tortures des persécutions, au venin des calomnies. L'égoïsme n'aime pas celui qui le dérange et l'inquiète. Il hait d'instinct tout ce qui tend à remuer, autour de lui, les idées et les hommes; il aime à dormir et à digérer, l'œil à demi-clos, comme un porc étendu au soleil sur du fumier. Eh! mon Dieu! vous le savez mieux que moi, vous dont l'âme est ardente, convaincue, véritablement chrétienne; vous que l'égoïsme indigne, que l'iniquité en-flamme. Eh! que m'importe, après tout, cette horde qui grogne et mord. Je suis fier de sa haine, et lui livrerai un combat incessant. Il n'y a pas de transaction possible entre la lumière et l'ombre, le vrai et le faux, le bon et le mauvais. La vie du chrétien n'est pas toute de résignation; c'est souvent un devoir de combattre (1).

Au reste, nous sommes plus forts qu'on ne pense. Nous avons trouvé, dans le monde moral, le levier qu'Archimède cherchait, dans le monde physique, pour soulever le monde. Nous avons la conscience humaine pour nous; nous soulèverons les fardeaux énormes qui l'oppressent.

Croyez, mon cher maître, que votre ancien élève vous respecte et vous aime toujours. Il n'a ici que l'intention de vous témoigner sa reconnaissance. Il sait bien que son petit livre est par lui-même peu digne de vous être offert.

Léon **SANDON**.

(1) Le christianisme est essentiellement militant. S'abstenir, ce serait, pour lui, s'abdiquer. Je ne combats que l'égoïsme; tout le mal vient de lui.

UN MOT A LA BOURGEOISIE.

C'est quelque chose de bien triste, à quelque parti qu'on appartienne, de voir aujourd'hui quel accablement, quelle immense douleur, quelle incertitude, quelles haines se sont emparés de cette partie du peuple qu'on nomme la Bourgeoisie. Cette Bourgeoisie, née du Peuple, grandie par le travail, douée d'une intelligence si juste, si pratique, qui avait ébranlé et détruit enfin tout ce qui s'opposait à sa puissance, par la seule arme du bon sens et du ridicule; cette Bourgeoisie, qui a eu pour chefs Voltaire, Louis Courrier et Béranger, aujourd'hui elle ne sait plus rire, elle doute d'elle-même; elle se sent malade, et veut des empiriques pour la guérir. Elle acceptera l'oppression de la force brutale; elle acceptera une royauté de droit divin; elle croira à la sainte ampoule qui divinise les rois; elle a soif d'oppression, elle adorera une cour et des courtisans. D'où vient un tel changement? quel mal secret la ronge? pourquoi tant de tristesse? N'est-ce pas elle qui maniait si bien la raillerie, qui riait avec une grâce si malicieuse, que c'est d'elle seulement que l'Europe a appris à rire? Pourquoi tant de peur des commotions politiques? N'est-ce pas elle qui parlait jadis par la grande voix de Mirabeau, par la voix de Benjamin Constant, de Casimir Perrier, de Thiers, de Guizot? Elle n'avait pas peur des ruines. Une conviction profonde l'assurait qu'elle ne pouvait pas mourir. Cette conviction était naturelle, bien raisonnée, solide : la Bourgeoisie ne peut pas mourir, car elle est l'intelligence, la moralité, le travail couronnés. Elle est et sera toujours le but du Peuple.

Pourtant elle est malade. Sa maladie est l'absence des croyances religieuses. L'absence de foi l'a livrée en proie à un égoïsme individuel, stérile et féroce. Cet égoïsme a détruit chez elle l'amour de l'humanité. Quiconque méprise les hommes, et leur misère, et leurs douleurs, celui-là sera dévoré par un ver intérieur qui boira son sang, corrompra sa chair, allumera la fièvre dans la moëlle de ses os, et le desséchera dans.tout son corps, comme le soleil du milieu de l'été dessèche les feuilles tombées du palmier. Des économistes, des philosophes ont persuadé à la Bourgeoisie qu'elle devait son affranchissement et sa puissance au seul capital. Elle l'a cru, elle le croit encore. Elle s'imagine ne rien devoir à Jésus de Nazareth. Aussi ses vertus mêmes semblent frappées de stérilité; aucun mobile, aucun feu intérieur ne les anime d'une chaleur assez douce pour leur donner leur fécondité. Etre moral, intelligent, laborieux, dans le seul but d'acquérir le capital ou de le conserver, c'est être vertueusement égoïste. La vertu pure, réelle, n'a de but qu'elle-même, de récompense à espérer sur la terre que sa propre contemplation et son fécondant rayonnement.

Dès que la Bourgeoisie voltairienne s'est habituée à ne regarder l'activité, l'intelligence, la moralité humaines que comme des moyens d'acquérir le capital, et, avec le capital, le bien-être, l'indépendance, les honneurs, le capital est devenu naturellement, nécessairement, le fondement de tous les gouvernements qu'elle a essayé d'établir. Le capital, malgré sa puissance, n'est pas assez fort pour enchaîner les masses; il est trop égoïste pour conquérir l'affection à ceux qui le possèdent, il est trop matériel pour ne pas froisser les consciences ; son idéal, qui consiste en jouissances sensuelles, n'est pas une perspective suffisante pour assouvir les rêves de l'homme. Au contraire, il engendre l'envie, la haine, la discorde, et tend à séparer la société en deux camps irréconciliables : ceux qui possèdent, ceux qui ne possèdent pas. La guerre sociale sera permanente; elle pourra devenir cruelle et sanglante tant qu'on voudra faire, du capital, la base du gouvernement.

Comme on connaît les mauvaises doctrines, ainsi que les mauvaises plantes, par leurs fruits, on peut juger, par la crise où nous sommes, de la valeur de certaines maximes qui avaient cours sous Louis-Philippe. M. Dupin disait : « Chacun pour soi, chacun chez soi. » M. Emile de Girardin écrivait dans la *Presse* : « Aujourd'hui, chacun a sa fortune à faire, et ne songe qu'à la faire le plus vite et le *moins mal* possible. » M. Saint-Marc Girardin écrivait tout au long, dans les *Débats*, que l'idéal de la vertu était le Joseph de la Bible. Et voilà ce qu'il voyait dans cette touchante histoire de Joseph : « Joseph vendu par ses frères nous montre que nous devons peu nous inquiéter de nos frères, que nous devons même nous en défier dans la vie. Il nous montre qu'on réussit mieux au loin que chez soi ; qu'ainsi, quand on le peut, on fait bien de quitter sa ville natale. Une fois arrivé dans une ville lointaine, on tâche d'être utile aux puissants, de se les attacher, de faire sa fortune : pour cela, il faut de la patience, de la prudence, *beaucoup de souplesse.* De cette façon, on arrive à la richesse, et même au ministère. » Voilà l'idéal de la vertu sous Louis-Philippe : être souple, prudent, utile aux grands, devenir riche, et peut-être ministre. M. Guizot, avec la raideur de son caractère, disait : « Enrichissez-vous, et la société vous accordera des droits politiques. » Quelle idée devait-on avoir de la vertu de M. Guizot, quand il disait au Peuple : « Travaillez, économisez, soyez moraux afin de devenir riches et d'être citoyens du pays légal. » On pouvait penser que, s'appliquant sa propre morale, M. Guizot n'avait une vie pure, morale, laborieuse, austère, qu'afin d'avoir de l'influence, d'être ministre, de pouvoir couvrir de son nom les honteuses cupidités de son parti. La vertu qui a pour but de s'escompter en argent ou en influence personnelle, ne mérite pas ce nom.

La richesse a assez d'attraits pour les hommes, par sa puissance propre, sans que le gouvernement lui vienne encore en aide, en lui accordant des droits exclusifs, en humiliant légalement devant elle la pauvreté fière et honnête. Attacher un droit à la fortune, en faisant abstraction complète de la personne, est d'une immoralité hon-

teuse. Tel individu est électeur, tel autre éligible ; est-ce
pour son mérite ? Non ; c'est pour telle ou telle propriété. C'est la propriété qui est électrice et éligible, et,
cette vertu, elle la communiquera au premier venu qui
la possédera. On n'aura besoin d'être recommandable par
rien ; il suffira d'avoir acquis de la fortune par un procédé
quelconque, on sera la base du gouvernement. La qualité
d'électeur, inhérente à la fortune, pourra elle-même être
mise en valeur matérielle ; on en trafiquera pour son
intérêt et pour l'intérêt des siens. Les emplois publics
seront la pâture de ces étranges citoyens. Le gouvernement tiendra boutique de faveurs, et les préfets chercheront
le tarif de chaque vote ; le gouvernement ne sera plus
que le gérant responsable d'une compagnie d'égoïsmes qui
dévorent la France. C'était le gouvernement que nous
avons vu de nos yeux, le gouvernement des trente dernières années, qui a peut-être procuré un peu de bien-
être matériel, mais qui l'a fait payer bien cher, car il a
démoralisé le pays. Le patriotisme était un ridicule, le
cœur humain tout entier tombait en pourriture ; les
romanciers nous saturaient d'œuvres immondes, œuvres
lues et applaudies, parce qu'elles étaient l'image, hélas !
trop fidèle, des rêves et des mœurs de la société. J'ai vu
moi-même un jeune homme de vingt-huit ans, beau, intelligent, ayant assez de fortune pour vivre, qui déroulait
ainsi devant moi ses projets d'avenir : « Je veux d'abord
me marier richement, n'importe avec qui. Je prendrai
une bossue, une idiote, la fille d'un homme déshonoré,
peu m'importe, pourvu qu'elle soit riche. Je deviendrai
éligible, j'achèterai des électeurs. Une fois député, je serai
ventru, je voterai pour tous les ministères. Je n'adore
qu'une chose : le pouvoir ; j'ai pour le pouvoir une
amitié féroce, héroïquement servile. Je me ferai aisément
nommer premier président, procureur-général, conseiller
à la cour de cassation ; et, ma foi, que m'importe le
reste ? la société marchera toujours de cette façon, et c'est
la bonne. » Faut-il s'étonner si un gouvernement qui
faisait germer de semblables systèmes, qui avait pour

base la fortune, pour aide la corruption, se soit affaissé
tout-à-coup sous le mépris public? N'est-il pas naturel
que tous les égoïsmes qu'il entretenait, subitement déçus,
soient souffrants, inquiets, malades, haineux et féroces ;
qu'ils veuillent tout demander à la force brutale ; qu'ils
cherchent un maître ; que la soif de la servitude les brûle?
Pauvre troupeau errant, sans foi, sans connaissance, s'il
ne se régénère, il n'est plus bon qu'à l'esclavage. Il
se régénérera sous le souffle de Dieu et l'étreinte du
malheur.

Ce terrible appétit de richesse qu'avait créé le dernier
règne, ne connaissait de frein, dans la Bourgeoisie voltairienne, que le Code pénal. On était honnête homme selon
le Code. La morale consistait à prendre garde aux désa-
gréments judiciaires, à étudier l'humanité comme un
objet de curiosité et de ridicule, à rapporter tout à soi,
sans se donner à rien. L'épicurien Horace avait dit depuis
long-temps : *Omnia ad me referens, et me ad nil.* « Je
suis chez moi, je suis riche, je dîne bien, je vais à ma
campagne, je songe à bien établir mes enfants, je ne fais
de mal à personne ; que puis-je de plus? Les autres
m'inquiètent peu, quand ils ne peuvent m'être ni utiles
ni nuisibles. Vivre dans sa coquille, et ne regarder au-
dehors que pour s'amuser de la comédie humaine, c'est
la devise du sage. » La grande affaire était de se procurer
cette douce existence, et on se la procurait souvent par
des moyens bien honteux, puisque le Peuple croyant
avait vulgarisé cet adage « bienheureux les fils dont les
pères sont damnés. »

Tous, dans la Bourgeoisie, ne pensaient pas, n'agissaient
pas suivant les règles de cette froide philosophie. Ceux-là
aussi ne sont guères enrichis, ils ne sont pas arrivés aux
grandes places, aux emplois lucratifs. Aussi ceux-là sont
avec nous, ou ils y seront bientôt ; la pureté de leur vie,
de leurs intentions, nous les conduira. Dans les luttes qui
se préparent, il faut tout faire pour éviter ce qui ressem-
blerait à ces sanglants combats de nuit, où les frères im-
molent leurs frères.

En définitive, le règne de l'aristocratie d'argent est bien mort, et à jamais repoussé par la conscience publique. Quoique ses tronçons épars s'agitent et frémissent d'impatience et de rage, elle ne se reformera plus, cette société commerciale de deux cent mille électeurs qui, ayant Louis-Philippe pour gérant, exploitait la France sous prétexte de la gouverner. Louis-Philippe, par son caractère, par sa nature, par son froid calcul, n'a jamais été que le gérant d'une société d'exploitation ; ne comprenant pas le point d'honneur, la dignité du pays à l'étranger, il ne voulait qu'une chose : faire les affaires de ses commanditaires. Il ne comprenait pas que la garde nationale de Paris, composée de marchands, ne l'aimait pas. Ne lui avait-il pas donné la paix à tout prix, la paix si nécessaire au trafic et au crédit? N'arrivait-on pas à tout par le seul capital? N'éclipsait-on pas les plus grands noms de France, les plus aimés du Peuple par leurs services, leur intelligence, leur honorabilité? On voyait les barons de l'industrie constituer une vraie féodalité, avec les noms les plus vulgaires, les plus inconnus, souvent les plus ridicules. Un électeur ministériel était décoré quand il voulait ; il avait une place pour lui et ses enfants, avec un peu de ténacité. Le député ministériel régentait son arrondissement à son gré, le corrompait tout à son aise; le gouvernement l'aidait dans cette immonde besogne. Tel était le dernier mot de la philosophie voltairienne, et de ses fils, qui se miraient en Louis-Philippe, leur grand et complet représentant. Ce n'était pas une flatterie, c'était bien une vérité que Jules Janin, le spirituel feuilletoniste du *Journal des Débats*, disait au roi, en s'écriant avec l'accent de l'admiration : « Qu'on examine, qu'on analyse le roi ; par son caractère gai, pratique, railleur, par son bon sens exquis, son dédain pour les folies de la gloire, son culte du vrai, du positif en toutes choses, il est le plus complet et le dernier des voltairiens. » Espérons que Janin aura dit vrai, et que ce roi sera le dernier des voltairiens, du moins de ceux qui porteront couronne en France, si quelqu'un doit y porter couronne.

Le système philippiste eut deux ennemis constants, con-
vaincus, irréconciliables, qui, réunis, sont parvenus à
le renverser : le principe légitimiste et le principe démocratique. Le principe légitimiste, outre ses griefs person-
nels contre le Bourbon d'Orléans, voyait avec douleur le
gouvernement humilier la France à l'étranger, et dé-
couper le pays en arrondissements isolés, où la richesse
seule, en faisant appel aux intérêts matériels, annulait
l'influence des grands noms. L'aristocratie de naissance
se sentait trop faible et trop humiliée devant l'aristocratie
d'argent, et moi, qui suis démocrate, j'avoue sincèrement
que l'influence d'un nom illustre me trouve bien moins
rebelle que l'influence de la fortune d'un Paturle ou d'un
Fulchiron. La masse du Peuple raisonne assurément comme
moi sur ce point, ou plutôt elle a le même sentiment, car
c'est plutôt une affaire de sentiment que de raisonnement.
En fait, il est bien certain qu'un nom respecté, aimé,
illustre les souvenirs qu'il rappelle, impressionne bien plus
vivement, et plus heureusement celui qui le porte, que
la possession d'une grande fortune. On veut monter au
niveau de son nom, on tâche de ne pas en être écrasé,
on veut perpétuer une glorieuse mémoire. Une belle fortune, transmise à un héritier, ne lui inspire d'ordinaire
que des sentiments assez vulgaires, souvent assez mauvais.
Une grande fortune énerve et corrompt un jeune homme,
à moins qu'il ne soit bien heureusement doué. Ce qu'on
doit le plus ambitionner, c'est une demi-aisance, qui, tout
en permettant des loisirs studieux, laisse les facultés sai-
nes et tendues. Aussi, c'était avec une peine juste et profonde, une aversion justifiée, que d'honnêtes pères de
famille, propriétaires, notaires, avocats, etc., exami-
naient la base du gouvernement philippiste, base dont
ils ne faisaient pas partie, faute d'une fortune suffisante.
Cette catégorie était pourtant une force dans le pays ; c'é-
tait peut-être la force la plus morale, la plus solide et la
plus dédaignée. C'est cette catégorie qui a laissé crouler
la monarchie au 24 février, l'arme au bras dans les rangs
de la garde nationale. Cette catégorie, assez proche du

Peuple par son origine et ses relations quotidiennes, le connaissant assez pour ne pas le craindre et ne pas le mépriser, sympathisant à ses souffrances qu'elle a connues, est aujourd'hui la première force sociale. Ce qu'elle voudra, elle le fera. Cette classe de citoyens a pourtant eu quelques remords après la révolution de février; elle aurait volontiers accepté la république avec le vote électoral, à vingt-cinq francs par exemple, ce qui l'aurait rendue complètement maîtresse du gouvernement. Mais l'absence de chefs à ce parti, le défaut d'organisation, le mouvement populaire, cette générosité, cet élan du cœur après la victoire, et surtout l'inflexibilité du principe démocratique, établirent le suffrage universel. Ce triomphe était celui du Peuple, un et indivisible dans son ensemble; il proclamait le grand symbole : liberté, égalité, fraternité, renouvelait la grande tradition chrétienne; faisait la base gouvernementale aussi large que tout le pays; arrachait ces germes vivaces d'envie, de haine, en donnant à tous les mêmes droits, en permettant à chacun de conquérir par ses œuvres ses destinées.

La monarchie de juillet était morte, tout-à-fait morte de mort naturelle, après s'être montrée, et épuisée dans toutes ses possibilités. Les admirateurs de quelques personnages, aveuglés par leurs sympathies, rêvent inutilement que ces personnages auraient pu la sauver. M. Thiers aurait joué à l'intérieur le même air que M. Guizot; c'est lui qui le dit. Sa politique extérieure ne pouvait convenir aux tendances égoïstes et matérielles des électeurs; il ne faisait pas leur affaire, en caressant l'instinct des masses, et en recherchant un appui au dehors du pays légal. Il trahissait même ce pays légal dans ses prétentions à être lui seul le pays tout entier. M. Guizot le comprenait bien mieux, en satisfaisant toutes ses cupidités, et en niant, en refoulant obstinément tout ce qui était hors de lui. M. Odilon Barrot était un de ces personnages incomplets, qui ne sont bons que pour voir et critiquer, qui n'ont pas de volonté ni de but dignes de leur pensée. C'était une variante du système voltairien, de la domination bourgeoise, qui n'avait qu'une popularité bourgeoise. M. Barrot ne s'est jamais douté qu'il y eût autre chose en France que des électeurs corrompus, et d'autres qui voulaient l'être. Il commandait ces derniers. Son opposition est une opposition de personnes. Il était, au reste, sec, raide, pédant, et, par dessus tout, paresseux comme un mandarin chinois. Si je ne craignais de citer des noms propres sans leur aveu, je rapporterais des traits de paresse de ce personnage vraiment incroyables que m'ont raconté plusieurs députés, ses amis intimes. M. Odilon Barrot, qui n'est pas chrétien, ne croyait pas à la conscience du Peuple; aussi le Peuple n'a jamais eu d'enthousiasme pour cette froide idole. On voit que la monarchie de juillet était bien usée, sous toutes les faces, quand elle tomba.

Alors la république apparut, comme la seule forme de gouvernement logique, comme nécessaire. Et à part quelques rares exceptions, il est très-vrai de dire qu'elle fut acceptée, saluée par tous les partis comme une excellente forme de gouvernement. Cela vient de ce que tous les partis espéraient réaliser par elle la plus précieuse partie de leurs espérances. Ces espérances se sont sans doute exagérées depuis, puisqu'elles n'ont pas trouvé leur satisfaction, et qu'aujourd'hui l'ancienne Bourgeoisie censitaire en masse, le parti légitimiste réunis, tendent ouvertement à son renversement. Voyons donc les espérances des partis anti-républicains, voyons ce que ces espérances ont de raisonnable, en quoi la république peut les satisfaire, en quoi elle les choque par sa nature. Nous verrons ensuite ce qu'est le parti républicain, à quelles sympathies, à quelles haines il a droit. Cet inventaire nous donnera la clef de bien des choses; il éclairera un champ de bataille semé d'embûches cachées, de fausses trappes, de fantômes, de périls réels et imaginaires. Tâchons de voir clair à travers les déclamations et calomnies qu'on sème à profusion.

Voyons d'abord la somme des projets du parti légitimiste, que je nomme le premier, car il est le plus ancien, et qu'il jouit de la plus grande faveur en Europe. Quand je dis en Europe, je veux dire auprès des gouvernements établis seulement. Le parti légitimiste a en commencement quelque affection pour la république. Pourquoi? Était-ce parce que la république le vengeait de l'usurpation du Bourbon d'Orléans? Oui, c'était pour cela. Mais il a aussi aimé un moment la république pour elle-même. La république, en effet, a donné et donnera toujours satisfaction à ce qu'il y a de juste et de moral dans les espérances de chacun ; la république a permis à cent soixante légitimistes de se faire élire représentants : une quinzaine de légitimistes à peine étaient députés sous le précédent règne. Le peuple a montré qu'il était plus sympathique à la noblesse que la Bourgeoisie. La noblesse, dans la vraie signification de ce mot, est impérissable ; elle naît et se perpétue au cœur du Peuple ; elle fait partie de la confiance publique. Qu'est-ce qu'être noble aujourd'hui et à l'avenir? Etre noble, c'est porter un nom connu et aimé; connu et aimé dans tout le pays, c'est la plus haute noblesse ; connu et aimé dans une localité, c'est une noblesse moindre. La noblesse ainsi comprise est parfaitement acceptée, sanctionnée à tous instants par le principe démocratique. Bien mieux, elle lui est inhérente. Elle n'est réellement inhérente qu'à lui. Les rois n'aiment pas ces noms trop sympathiques aux masses, par suite trop puissants ; cette puissance qui ne vient pas d'eux les offusque, les gêne, les limite dans leurs volontés. Louis XI avait pour ministres un barbier, un paysan parvenu, quelques personnages tirant tout de lui. Louis XIV ne voulait des nobles que pour esclaves ; il voulait les élever et abaisser à volonté. Le despotisme turc n'a jamais connu de noblesse. Le czar de Russie aime mieux des gens obscurs qu'il élève ou précipite, que les grands noms de son empire. Ces grands noms, il les laisse dans l'oisiveté pour les faire oublier, et être toujours tout seul en évidence, voulant que toute puissance découle toujours de lui (1). La royauté, par sa

---

(1) L'aristocratie anglaise, la première aristocratie du monde, n'est devenue si glorieuse et si puissante que parce qu'elle s'est de bonne

nature, détruira toujours la noblesse, soit en la déraci-
nant, soit en la corrompant, soit en l'avilissant, comme
elle a fait en France depuis Louis XI jusqu'à Richelieu,
Louis XIV et Louis XV. La noblesse ne retrouvera sa vi-
gueur et sa puissance que dans la république. Il est vrai
que ce ne sera plus la noblesse féodale, la noblesse qui con-
fère des privilèges odieux; ce sera une noblesse morale,
glorieuse, épurée, en harmonie avec la marche de l'humanité.

Le Peuple, d'accord avec ce qu'écrivait jadis le duc de
Saint-Simon, en plein règne de Louis XIV, ne regardera
pas comme nobles ces gens pourvus d'un parchemin de
comte ou de marquis pour avoir épousé la fille enceinte
d'un grand seigneur, ou autres actes peu honorables. On
a vu, sous Catherine de Médicis, sous Louis XIII, enno-
blir des individus pour avoir commis un assassinat utile à
la cour. Sans doute, le Peuple ne sentira pas battre son
cœur à l'aspect de ces nobles à noms bizarres et inconnus,
qui moisissent dans l'orgueil d'un vieux château, noms
qui ne lui présentent aucun souvenir saisissant. Mais qu'on
s'appelle Napoléon Bonaparte, avec ce nom seul on sera
président de la république; qu'on s'appelle Carnot, on sera
le premier élu à la députation de Paris; qu'on s'appelle
Ney de la Moskowa, avec ce nom on sera élu dans la Mo-
selle. Qu'on s'appelle dans cinquante ans, dans un, dans
deux siècles, Châteaubriand, Lamennais, Hugo, Lamartine, on deviendra représentant avec un très-médiocre
mérite. Sans parler des noms illustres par toute la France,
on peut voir que, dans chaque localité, certains noms sont
entourés d'une certaine auréole. Ainsi, dans la Vendée, le
nom de La Rochejacquelein éveillera toujours de nom-
breuses sympathies populaires. Un collége d'électeurs cen-

---

heure appuyée sur le Peuple pour lutter contre les rois. Elle leur a ravi
presque toute leur autorité. Elle est plutôt républicaine qu'absolutiste.
Elle est même véritablement républicaine, puisqu'elle a réduit la royauté
à n'être qu'un instrument entre ses mains. Ce n'est pas elle qui rêverait
un Louis XIV. La vraie noblesse russe est républicaine. Le czar le sait
bien; aussi il s'en défie.

au foyer populaire, de se rajeunir tout entière dans une
véritable fontaine de Jouvence. Pourquoi donc veut-il un
roi, pourquoi veut-il se dégrader au point de n'être que
le stérile ornement d'une cour ? Le métier de courtisan
est-il donc si beau ? Vaut-il mieux chercher une grandeur
honteuse et précaire dans la servitude, que de la conquérir
par la liberté ? Est-ce que l'estime publique n'est pas un
aussi bon juge que la faveur ? Qu'on n'oublie pas que l'in-
gratitude, le caprice, sont l'apanage des rois. Lisez seulement l'histoire de deux ou trois règnes, même les plus
beaux, et vous serez édifiés à ce sujet.

Il est évident pour moi que le parti aristocratique travaille à la ruine de sa puissance, en travaillant à l'établissement d'un roi. Il faut chercher la raison de ses actes dans
quelques illusions et aussi dans quelques mobiles honteux.
Les mobiles honteux sont les pensions que fait le comte de
Chambord à quelques-uns de ses illustres avocats, les sub-
ventions qu'il paie aux journaux qui l'appuient. Partout
où il y a un rôle à jouer avec quelque argent au bout, on
trouve des gens prêts à le jouer. Ces gens qui se disposent
à vendre leur pays pour de l'argent sont bien coupables....
Les illusions sont des perspectives de paix, de gloire, de
bonheur pour tous, que l'événement changerait bientôt en
hontes, en guerres civiles, en proscriptions, en honteux
favoritisme, en misère générale. Et les moyens de rétablir
la monarchie, quels sont-ils ? Une poignée de légitimistes
entêtés, incapables, factieux, voulant tout ou rien, qui dé-
solent, inquiètent, et pourtant compromettent par leur tur-
bulence la masse du parti. Tous les partis ont, comme
celui-là, leur minorité audacieuse. Cette minorité pourra
fanatiser, soulever quelques têtes ardentes dans l'ouest et
le midi, organiser en bandes de pillards et d'égorgeurs
cette lie de la population qui, en tout temps, aime mieux
courir la campagne, tuer et voler avec le drapeau blanc,
que vivre d'un travail obscur. Cette minorité, à laquelle
on aura inoculé la haine de la Bourgeoisie, aura ses bandes de chouans qui infesteront les grands chemins, brûle-
ront les maisons de campagne, feront main basse sur les

caisses des receveurs, éventreront les républicains, et, au nom de la religion et du roi, appelleront le secours des Russes ou des Anglais. Déjà, dans le Morbihan, l'Hérault, quelques têtes fermentent, et ces espèces de Bédouins n'attendent qu'un prophète ou un intrigant, qui, un jour de foire, viendra prêcher la guerre sainte. Il est indubitable que cette guerre serait en définitive étouffée par le patriotisme et le bon sens public ; mais il n'est pas moins indubitable qu'elle ferait beaucoup de mal, que la Bourgeoisie seule subirait ce mal. L'exagération du principe légitimiste mène tout droit, en effet, à la haine de la Bourgeoisie, de la Bourgeoisie qui a fait la révolution de 89, qui a ébranlé, sous l'empire, les trônes de l'Europe, chassé les Bourbons, de la Bourgeoisie qui a porté des coups mortels aux vieilles croyances. Le principe démocratique reconnaît au contraire, dans la Bourgeoisie, son œuvre, sa fille, son avant-garde ; le principe démocratique n'a qu'une chose à demander à la Bourgeoisie, c'est de ne pas servir de digue au flot révolutionnaire, de le laisser couler partout et sur tous, afin qu'il féconde au lieu de submerger.

Quelques personnes voyant le langage des chefs légitimistes, de Berryer, de Benoît, de Vatimesnil, de M. de Falloux, qui est la plus douce, la plus morale nature d'homme qu'on puisse voir, de M. de Falloux, qui serait digne en tout d'être républicain ; ces personnes s'imaginent qu'on rétablirait la monarchie d'Henri V avec un calme parfait. Ces personnes ne savent pas ce qu'il a fallu d'énergie à Louis XVIII pour comprimer ceux qui étaient plus royalistes que lui. Ces personnes ont oublié les ardeurs de la chambre de 1818, les propositions qu'on y faisait, les assassinats du midi, de Lyon, de la Gironde, les Trupêmi, les Trestaillon, etc., etc. La France pourtant est un pays où les mœurs sont naturellement douces, où une habitude d'ordre, une centralisation puissante, permettent de réprimer la violence avec énergie et promptitude. Mais qu'on lise un peu l'histoire, on verra qu'en Italie, à Gênes, à Milan, à Naples, chaque triomphe de réaction monarchique amenait le pillage et l'assassinat de la Bourgeoisie. Il est dans la nature d'un principe, surtout d'un principe contesté, de toujours s'exagérer, comme il est dans la nature d'une pierre jetée dans un puits de tomber jusqu'au fond. Si on fait abandonner au Peuple la voie du bon sens, du progrès pacifique, pour le jeter dans le passé, le passé le plus ancien, le plus brutal sera toujours le meilleur. Il est dans la nature du Peuple d'avoir du zèle. Il ne restera qu'à voir un chef de bandits faire pendre un manant de boutiquier, riche et avare, à la porte de son magasin, les châteaux pleins de chouans, répandant au loin la terreur par leur audacieuse férocité, tant il est dans le principe légitimiste, quelles que soient les intentions de ses chefs, de n'être à l'avenir qu'une faction inquiétante et dangereuse pour le pays.

Le parti légitimiste compte sur l'appui du clergé. En cela, je crois qu'il a tort. L'éducation politique du clergé s'est faite depuis quarante ans. Il n'est pas rare aujourd'hui de voir beaucoup de ses membres comprendre que les principes républicains ne sont pas solidaires des fureurs de la première révolution ; que leur vérité évangélique se dégage chaque jour de tout alliage impur; qu'en eux est la force, parce qu'en eux est la vérité. La race de ces vieux prêtres, émigrés, persécutés, blanchis par les souffrances de l'exil, s'éteint peu à peu, léguant à ses successeurs la charité, l'amour du Peuple, et enfouissant dans la tombe ses préventions d'un autre âge. Le clergé peut se demander sérieusement ce qu'il peut espérer d'un roi. Peut-il en espérer la faveur, la haute influence qu'il avait dans les derniers jours de la restauration ? Peut-il espérer que le roi partagera avec lui sa couronne, à condition qu'il donnera les consciences au roi? Car les rois ne donnent rien pour rien ; on le sait. Comme le disait si bien notre inimitable Lafontaine : *Et la fortune vend ce qu'on croit qu'elle donne.* Quel rôle, grand Dieu! quel marché à proposer aux successeurs des apôtres! La religion du Christ devenue une branche de la police des rois! Le clergé y pense-t-il? Pourrait-il livrer ce qu'il aurait promis? As-

UN MOT A LA BOURGEOISIE.

C'est quelque chose de bien triste, à quelque parti qu'on appartienne, de voir aujourd'hui quel accablement, quelle immense douleur, quelle incertitude, quelles haines se sont emparés de cette partie du peuple qu'on nomme la Bourgeoisie. Cette Bourgeoisie, née du Peuple, grandie par le travail, douée d'une intelligence si juste, si pratique, qui avait ébranlé et détruit enfin tout ce qui s'opposait à sa puissance, par la seule arme du bon sens et du ridicule ; cette Bourgeoisie, qui a eu pour chefs Voltaire, Louis Courrier et Béranger, aujourd'hui elle ne sait plus rire, elle doute d'elle-même ; elle se sent malade, et veut des empiriques pour la guérir. Elle acceptera l'oppression de la force brutale ; elle acceptera une royauté de droit divin ; elle croira à la sainte ampoule qui divinise les rois ; elle a soif d'oppression, elle adorera une cour et des courtisans. D'où vient un tel changement ? quel mal secret la ronge ? pourquoi tant de tristesse ? N'est-ce pas elle qui maniait si bien la raillerie, qui riait avec une grâce si malicieuse, que c'est d'elle seulement que l'Europe a appris à rire ? Pourquoi tant de peur des commotions politiques ? N'est-ce pas elle qui parlait jadis par la grande voix de Mirabeau, par la voix de Benjamin Constant, de Casimir Perrier, de Thiers, de Guizot ? Elle n'avait pas peur des ruines. Une conviction profonde l'assurait qu'elle ne pouvait pas mourir. Cette conviction était naturelle, bien raisonnée, solide : la Bourgeoisie ne peut pas mourir, car elle est l'intelligence, la moralité, le travail couronnés. Elle est et sera toujours le but du Peuple.

Pourtant elle est malade. Sa maladie est l'absence des croyances religieuses. L'absence de foi l'a livrée en proie à un égoïsme individuel, stérile et féroce. Cet égoïsme combat incessant. Il n'y a pas de transaction possible entre la lumière et l'ombre, le vrai et le faux, le bon et le mauvais. La vie du chrétien n'est pas toute de résignation ; c'est souvent un devoir de combattre (1).

Au reste, nous sommes plus forts qu'on ne pense. Nous avons trouvé, dans le monde moral, le levier qu'Archimède cherchait, dans le monde physique, pour soulever le monde. Nous avons la conscience humaine pour nous ; nous soulèverons les fardeaux énormes qui l'oppressent.

Croyez, mon cher maître, que votre ancien élève vous respecte et vous aime toujours. Il n'a ici que l'intention de vous témoigner sa reconnaissance. Il sait bien que son petit livre est par lui-même peu digne de vous être offert.

Léon SANDON.

---

(1) Le christianisme est essentiellement militant. S'abstenir, ce serait, pour lui, s'abdiquer. Je ne combats que l'égoïsme ; tout le mal vient de lui.

surément non. Il ne réussirait qu'à se rendre odieux, à se discréditer complètement. La haine de la royauté serait inséparable de la haine de l'église. Le jour où le Peuple briserait l'une, il briserait l'autre. Que les fils de l'évangile cessent donc d'aspirer à un pouvoir qui aurait une source trop impure, qu'il achèterait trop cher ; partout où il y aura des hommes, il y aura des consciences à éclairer, à diriger ; et c'est là sa mission. L'influence lui viendra assez sans qu'il la sollicite, sans qu'il l'achète. *Cherchez d'abord le royaume de Dieu et sa gloire, le reste vous sera donné comme par surcroît.*

L'histoire de la restauration est là, au surplus, assez proche encore pour éclairer le clergé sur les dangers d'une alliance intime avec le pouvoir. Le jour où Charles X tomba, les passions populaires firent sentir au clergé que son rôle politique avait profondément blessé le pays. On se demandait si toute la vitalité s'était retirée de la vieille religion; si à l'avenir elle ne pouvait vivre qu'appuyée sur le despotisme ; si elle allait partager sa caducité et sa mort ; si, suivant la virulente hyperbole de l'abbé Sieyés, il faudrait étrangler le dernier des rois avec les boyaux du dernier des prêtres. Le Peuple, dans sa marche vers l'émancipation, rencontrerait-il toujours en face le prêtre, non pas comme appui, mais comme ennemi. Les rancunes, les défiances qu'a procuré au clergé la faveur de la restauration ne sont pas encore complètement évanouies. Cette faveur a été payée trop cher pour que, sans être aveugle, on veuille en faire une seconde épreuve.

Tout cela est d'autant plus regrettable, qu'il n'est pas douteux pour moi que si le clergé qui, de 1815 à 1830, a eu sous la main une génération nouvelle, lassée de terreur et de despotisme, pleine d'enthousiasme pour toutes les bonnes idées, ayant pour chefs Lamartine, Lamennais, Hugo, Châteaubriand, une des plus admirables générations qu'on ait jamais vu dans l'humanité; si ce clergé, oubliant ses préventions, avait su le conduire à la république chrétienne, au lieu de laisser échouer dans les filets du Bourbon d'Orléans, une grande ère aurait commencé en 1830. La république aurait trouvé des hommes jeunes, pleins de dévouement, de moralité, de foi dans leurs doctrines, et dans l'avenir de la France. L'Italie se relevait des flétrissures autrichiennes, la Pologne échappait au czar, la Belgique devenait Française. L'Europe attendait la France ; tous les cœurs battaient, toutes les têtes fermentaient. La France brilla quelques jours comme un éclair qui éblouit et s'éteint, laissant toutes choses dans une obscurité plus profonde. L'établissement du 7 août paraît déjà sur le pays. La France n'était plus qu'une aggrégation d'électeurs censitaires, voulant des richesses et des honneurs, et le gouvernement les leur vendait. En 1830, à côté des hommes jeunes, bons pour la république, on avait une génération d'hommes mûrs, que l'empire avait sans doute courbés sous un joug de fer, dont il avait comprimé la pensée, mais qu'il avait laissés pleins d'honneur, de dévouement, de patriotisme, de générosité, tous dignes d'être républicains. Oh ! non, la république n'est pas venue trop tôt ; elle est venue dix-huit ans trop tard. Pendant ces dix-huit ans, les jeunes hommes de 1830 se sont corrompus, matérialisés, façonnés à l'esclavage. Louis-Philippe a gâté tout ce qu'il a touché. Voilà les hommes mûrs d'aujourd'hui ! généralement doués d'un égoïsme féroce, sans foi en rien, sans cœur, regrettant leurs mauvais rêves, méchants parce qu'ils sont malheureux. La jeune génération, élevée à une pareille école, était aux trois quarts déjà corrompue. C'est avec ces éléments qu'il a fallu fonder la république de 1848. Et on s'étonne du malaise général qui règne dans les esprits, quand les mœurs sont si peu d'accord avec les institutions !... Que devons-nous faire dans cette position, nous jeunes et qui nous sentons purs ? Dire la vérité, la propager, et souffrir la persécution. Peut-être nos souffrances feront-elles une nouvelle conscience à ceux qui n'en ont plus.

Nous venons de voir que le parti légitimiste pouvait trouver dans la forme républicaine une satisfaction complète à ses prétentions morales. Nous venons de voir qu'il avait déjà trouvé cette satisfaction. Nous venons de voir

que le parti légitimiste, alléché par ce premier succès, demande une restauration d'un passé impossible. Cette faute
appellera probablement sur lui des persécutions, s'il la
poursuit jusqu'au bout. L'esprit public est comme un res-
sort ; il n'est jamais plus près de se relever énergiquement
que quand on l'a fait ployer jusqu'aux deux bouts. Nous
pourrions maintenant discuter le principe légitimiste en
lui-même, montrer son incompatibilité, son antagonisme
nécessaire avec la souveraineté nationale, les dangers qu'il
soulèvera à chaque instant de sa marche, et combien aisément la presse et la tribune le renverseront au premier
conflit, s'il admet la presse et la tribune. Mais de semblables discussions sont au-dessus du simple coup d'œil que
je veux jeter sur la situation actuelle.

Le second parti qui voudrait se débarrasser de la république est le parti monarchique constitutionnel. Ce qu'il
déteste dans la république, c'est le suffrage universel, le
suffrage universel étendant sur tout le pays la base gouvernementale, qu'il formait auparavant à lui tout seul. Si on
lui sacrifiait le suffrage universel, il accepterait la république. Au fond, ce parti n'a jamais compris le roi, comme je
l'ai dit plus haut, qu'en qualité de gérant de ses intérêts ;
s'il pouvait faire triompher ses intérêts au moyen de la
république, il s'y rallierait. Ses intérêts !... Il ne croit qu'à
cela. La France à exploiter !... Il ne voit que cela. Je suis
étonné de voir M. Thiers un des chefs de ce parti. Sans
doute, je n'ai grande foi aux croyances de M. Thiers.
Mais M. Thiers, qui a au moins le sentiment patriotique
assez développé ; qui a toujours voulu, à l'extérieur, faire
pénétrer le rayonnement de la France ; qui a voulu pour
elle de la dignité à défaut de gloire, de l'influence à défaut de puissance directe, sait très-bien qu'avec le pays
légal on ne peut rien obtenir de semblable. Il m'a dit à
moi-même, nous promenant dans son jardin de la place
Saint-Georges, un mois avant la révolution de février :
« Cette aggrégation d'électeurs à deux cents francs ne peut
pas être la base d'un gouvernement. *Elle n'a pas le sens
politique.* Chacun ne voit dans son vote qu'une spécula-

tion. On joindra à ces électeurs la seconde liste, dite des capacités, et cette nouvelle aggrégation n'aura pas plus en masse le sens politique que la première. Ce seront toujours des bourgeois avides et nécessiteux ; il y aura toujours plus d'appétit que de cœur dans ce corps affamé. » M. Thiers, qui a essayé de jouer de cet instrument, sait qu'avec toute son habileté il n'a pu lui faire rendre que des sons rauques et discordants. Les Guizot et les Duchâtel connaissent mieux cet instrument que lui, et savent comment on en joue, et quelles cordes résonnent toujours. Des places, des emplois, de la corruption, ou autrement dit l'abus des influences ; cela résonne toujours. Il est bien certain que si ce parti, qui se reforme, parvient à triompher, M. Thiers y sera un suspect ; il a trop d'indépendance naturelle, et encore trop de patriotisme. Les maîtres reviendront, et lui recommencera son opposition. Quand je dis qu'il sera suspect, je ne me trompe pas ; il l'est déjà à la majorité ministérielle, et ceux qui se disent du grand parti de l'ordre l'ont en suspicion. Le *Journal des Débats*, le *Constitutionnel*, l'*Assemblée nationale*, l'ont traité assez sévèrement à propos de certain vote, et qualifié de socialiste sans ménagement. M. Thiers doit penser, comme autrefois, que l'ancien pays légal n'a pas le sens politique.

La révolution de février a été un coup de foudre pour ce parti. Il n'y a rien compris ; il ne peut se remettre de son émotion. Il doute encore si, depuis trois ans, il ne fait pas un mauvais rêve ; il se frotte les yeux ; et quand il se voit bien réellement déchu, il éprouve tour à tour des abattements profonds et des fureurs d'enragé. Un jour, il croit que tout est perdu, que la France va mourir, qu'elle est folle, et fou lui-même il voit tout tourner autour de lui, ne sait à quoi s'accrocher, comme un homme ivre. Un autre jour, il voudrait être un seul jour le plus fort, et broyer tous les républicains dans un pilon. Malgré les douleurs que sa démence nous fait subir, la haine, la calomnie, la persécution dont il nous accable, ce parti nous remplit de tristesse sympathique, de fraternelle compas-

sion. Si ce parti était religieux, il n'aurait ni de tels abattements, ni de telles colères. Mais ce n'est pas être religieux que de chercher dans la religion un complice, de dire tout tremblant : « Tiens, prêtre, je t'ai bien vilipendé jadis ; mais aujourd'hui je suis converti, je vais me confesser, je brûlerai mon Voltaire, je sacrifierai Béranger et même Odilon Barrot, je te comblerai d'argent et d'honneurs, j'irai à la messe et à tes sermons ; seulement anathématise les républicains dans ta chaire, rends-les odieux au Peuple, et au Peuple lui-même fais une horrible peur du diable. Rends-moi mon pouvoir et nous partagerons en frères. » Ce n'est là qu'une phase d'aliénation mentale, une déplorable comédie. C'est qu'en effet la peur, les souffrances de l'amour-propre inspirent d'ordinaire des actes ridicules, plus ridicules qu'odieux. Comment ne pas rire à l'aspect de ces pauvres ex-électeurs à deux cents francs, jadis courtisés par tous les candidats à la députation, choyés par les sous-préfets, obtenant des places pour leurs enfants, aujourd'hui isolés, pouvant à peine être membres du conseil municipal. Avec quelle courtoisie M. Legros, M. Legras, M. Lepetit, M. Leblond, M. Legrand, électeurs, étaient reçus par le préfet !... Aujourd'hui, grand Dieu ! quelle déchéance ! Un forgeron, un boulanger, un cabaretier surtout, les éclipsent en influence. Et quand on se souvient que dans certains arrondissements, à Bourganeuf par exemple, au temps des élections de Girardin, la qualité d'électeur valait une place de juge de paix, une perception, une recette particulière, de bons dîners, de petits cadeaux, et même de l'argent comptant, comment se consoler d'avoir perdu une si précieuse qualité? Comment arriver aux places? Le suffrage universel est capricieux, insaisissable, incorruptible. « Une vertu est sortie de moi, *virtus exit de me* », disait un ancien. M. Legros et M. Legras sentent aussi qu'une fameuse vertu est sortie d'eux, et qu'ils ne sont pas grand'chose, n'étant plus électeurs privilégiés. Voilà le côté ridicule des douleurs que nous voyons.

Ce qui n'est pas ridicule, c'est l'exploitation qu'on en

fait. Tous les anciens journaux, surtout ceux des départements, ex-guizotins, ex-barrotistes, corrompus et désirant l'être, ministériels-bornes et libéraux, se sont réunis, dans un touchant accord, contre cette effrontée voleuse de république, qui a pris la proie qu'ils se disputaient. Mettre à la réforme le parti Guizot et le parti Barrot, et prendre leur place, cela rappelle cette délicieuse fable de Lafontaine, où le juge avale l'huître et donne à chaque plaideur une des coquilles. Sitôt la fièvre de février un peu ralentie, tous ces anciens journaux, ennemis du vote universel, se sont mis à battre le rappel des électeurs dépossédés ; et aussitôt on a vu se former des phalanges de mécontents. On avait bien quelques reproches à se faire mutuellement. Les vieux ministériels purs reprochaient, par exemple, aux barrotistes d'avoir amené la république par leur opposition trop vive ; les barrotistes reprochaient à leur tour aux vieux conservateurs de les avoir trop long-temps et trop systématiquement exclus du pouvoir, et d'avoir produit la république par leur corruption. A travers ces reproches, on voit qu'une idée commune les réunissait : cette idée commune était la haine de la république, la haine furieuse du suffrage universel. Ce parti est riche ; il offrait une magnifique clientèle aux journalistes qui voudraient chaque jour le flatter, en caressant ses haines, en stimulant ses espérances, en calomniant ses ennemis. Les marchands d'injures ont deviné promptement cette mine d'abonnés ; ils l'ont servie à souhait. Pendant ces deux dernières années, et encore à cette heure, nous voyons les plus honnêtes gens, les plus désintéressés dans la querelle, regarder un républicain comme un échappé de bagne, un homme avide de sang, n'ayant d'autre ambition que de s'enrichir par la guillotine. Eh ! mon Dieu, je ne prends pas la défense de tous les républicains de 93 ; je suis de mon temps, et de plus je suis chrétien ; le sang me fait horreur. Mais je puis dire, avec l'histoire, que ni Marat, ni Robespierre, ni Couthon, ni Saint-Just n'ont jamais pris le bien de personne, qu'ils ne l'ont jamais désiré, qu'ils sont morts très-pauvres. Beaucoup de ceux qui les insultent dans leur mémoire sont riches des biens nationaux, qu'ils n'ont pas rougi d'acheter, qu'ils gardent sans scrupules.

Ce parti est infiniment dangereux, comme tous les partis sans croyances, et qui n'obéissent qu'à la sollicitation des intérêts matériels. Probablement, il nous donnera la guerre civile ; ses journaux, depuis deux ans, la provoquent ouvertement. Chaque jour un abîme se creuse ; il est déjà bien profond. Nous sommes très-loin de la douceur, de la confiance, de l'expansive fraternité qui présidèrent aux premières élections de la Constituante. La loi du 31 mai, qui supprime trois millions d'électeurs, est le premier coup de canon de la guerre civile. L'unité, l'indivisibilité du Peuple sont détruites. Il y a un camp de dépouillés. La guerre civile est dans la loi, en attendant qu'elle éclate dans les faits. Cette loi est d'autant plus dangereuse, qu'elle est encore moins un acte qu'une tendance avouée de supprimer encore davantage d'électeurs, une tendance à rétablir l'ancienne fiction du pays légal. Ne nous faisons pas illusion. La fraction la plus pure du parti légitimiste, le parti républicain, les remords bonapartistes, n'y feront rien. La majorité actuelle nous laissera aller en 1852 avec cette abominable loi, mauvaise arme prête à éclater dans les mains de celui qui l'aura chargée, à incendier le pays. Jamais on ne fut à la veille d'une si terrible épreuve. Une contradiction violente, incessante, a aigri le parti républicain, exagéré toutes ses tendances. Ce parti s'arme non pas pour le gouvernement calme et régulier, mais pour la lutte. La modération est un signe de trahison, de lâche condescendance ; c'est inévitable : les modérés ne sont, dans les temps de crise, que la négation du bien et du mal. Comme il faut être d'un côté nécessairement, je serai avec la république, même exagérée.

L'exagération, au surplus, est aussi grande dans les monarchiens censitaires ; à peine la lutte engagée, ils verront combien leur influence est légère, combien cette influence a absolument besoin d'un temps calme pour subsister. Et puis n'aperçoivent-ils pas déjà qu'il leur manque la chose la plus essentielle pour lutter, pour rallier et retenir à eux les masses, c'est-à-dire un principe. Ils n'ont pas de principe ; ils n'auront que des intérêts, et des intérêts menacés peuvent toujours transiger et le veulent toujours. Des milliers de transfuges abandonneront ce drapeau avant et pendant le combat, se mettront à l'abri, disant, qu'après tout, la république n'est pas aussi mauvaise qu'on le leur avait fait croire. Ils auront été le triste marchepied de l'ambition de quelques fonctionnaires voulant recouvrer les positions dont la révolution les avait précipités. Ils auront eu une apparence de puissance, ils se seront crus les maîtres, ils auront voulu le devenir définitivement. Ils se rappelleront trop tard le sort des illustres et malheureux Girondins de notre première révolution. Ils avaient autant de talents, et certainement plus de patriotisme que les ex-philippistes ; ils étaient réellement républicains. En temps calme, ils étaient tout-puissants ; ils avaient pour eux les quatre cinquièmes de la France. Ils voulurent lutter. Qu'arriva-t-il des populations qu'ils avaient compromises ? A peine la lutte engagée, les plus sages se soumirent au gouvernement central. Les plus entêtées ne purent se battre avec le drapeau de la Gironde. Elles prirent le drapeau blanc, qui est un principe, et c'est sous ce drapeau que combattit Lyon. On se rappelle le sort de Lyon. On se rappelle Bordeaux, Nantes, toutes ces malheureuses cités coupables d'avoir suivi les Girondins.

Il est donc nécessaire que cette seconde catégorie d'adversaires, placés en face de nous, tout-puissants aujourd'hui sur le gouvernement, sachent bien qu'ils ne peuvent pas se battre, parce qu'ils ne sont qu'un intérêt, ou une réunion d'intérêts, que cela ne suffit pas pour réunir, entraîner, fanatiser les masses. Le principe démocratique ne peut pas transiger sans s'abdiquer. Il peut prendre, échauffer, fanatiser les masses, créer des martyrs, comme tout ce qui est absolu ; quelles que soient ses exagérations et ses instruments, il jacobinisera les ouvriers, séduira les hommes sérieux, frappera ses ennemis d'effroi, et par tous les moyens établira sa victoire. Essayez de produire de semblables résultats en faveur de l'intérêt exclusif d'une classe d'hommes? Vous verrez que ni l'argent, ni le raisonnement, ni même le nombre, n'y réussiront. Et c'est là une des marques de la supériorité native de la race humaine. Quand on veut en obtenir de grandes choses, on ne les obtiendra ni par l'argent, ni par le raisonnement; il faudra s'adresser à sa conscience, à son imagition, à une foi quelconque qui le rallie et l'échauffe. Quelque absurde que soit cette foi, pourvu qu'elle existe, elle l'emportera toujours sur le meilleur raisonnement. Le raisonnement refroidit et divise; la foi unit et enflamme. Il est plus dans la nature de l'homme de croire que d'être persuadé. Si on peut tant obtenir d'efforts pour une foi souvent absurde, que ne peut-on pas obtenir au nom de la foi démocratique, enracinée au cœur de l'homme, fille de l'évangile et de l'expérience, l'élevant en force, en moralité, en dignité!

A tous mes arguments, on me répondra que, moi aussi, je suis un rêveur, un idéologue, que tout ce qui est bon en théorie est exécrable en pratique. On me montrera les faits. On me dira : Voyez la France depuis la révolution de février, sous l'empire d'une Constitution qui l'énerve, déchirée par les ambitions diverses, haletante, épuisée, surtout inquiète. Elle lutte pour vivre, non pas pour grandir. La république n'est-elle pas, pour certaines gens, une exploitation de la France par des démagogues ruinés, si la monarchie de juillet en était l'exploitation par les censitaires? Exploitation pour exploitation, l'exploitation par des gens aisés, intelligents, est moins périlleuse, surtout moins immorale, que l'exploitation par la misère audacieuse. Les courtisans des rois sont dangereux et méprisables sans doute, puisqu'ils caressent de mauvaises passions dans un intérêt individuel, et demandent à la faveur ce qu'ils ne peuvent pas demander à l'estime publique. Mais les courtisans du Peuple ne sont-ils pas aussi dangereux et aussi détestables? Ne lui mentent-ils pas, ne le flattent-ils pas, ne le caressent-ils pas dans ses plus mauvaises passions? Ne lui disent-ils pas, comme on dit aux tyrans, qu'il est tout-puissant et infaillible ; qu'il n'a besoin d'être ni moral ni travailleur ; qu'il lui suffit d'être énergique? On comprend ce que veut dire ce mot *énergique*. Ne lui disent-ils pas que sa force, c'est sa vertu? Ces courtisans ne sont-ils comme les autres, ambitieux sans génie, paresseux et cupides, affamés de pouvoir et dénués des vertus qui donnent la considération, demandant à l'intrigue et à la servilité ce qu'ils ne peuvent demander à l'estime publique? N'est-ce pas d'eux que Tacite a dit : *Omnia serviliter pro domina-tione ?* Le peuple adulé, grisé d'encens, n'est-il pas plus à craindre qu'un tyran? Un tyran est un homme ; il en conserve toujours quelques vertus. On peut le fléchir, même au moyen de ses vices. Mais le Peuple est un élé-ment. Par quels côtés le prendre pour l'arrêter en certains moments? Je n'hésite pas à dire que j'admets toutes ces réflexions, que je les trouve parfaitement fondées.

Eh bien, malgré tout cela, et même à cause de cela, il faut être républicain. En voici les motifs : la force d'un homme, ou d'une réunion d'hommes représentant un parti politique, n'est, en définitive, quelle que soit leur valeur personnelle, que la force d'un système et des sym-pathies qui s'y rattachent *naturellement*. Les auxiliaires factices ne résistent pas à la lutte ; ils s'évaporent comme une fumée. Il faut, comme dans une liquidation commer-ciale, compter très-largement sur les créances verreuses, sur les non-valeurs. Le principe démocratique saisit l'homme par l'âme et par le corps, comme l'amour ; on a dit de l'amour que c'était une flamme, formée par des fris-sons de la chair et des rêves de l'âme. Le principe démo-cratique emprunte à la religion ses sublimes aspirations de fraternité ; et, de plus que la religion, il promet positi-vement de réaliser quelques-unes de ces aspirations sur cette terre, d'y transporter quelques ressemblances du bonheur céleste. Et il convie chacun à ce travail. Ce prin-cipe est au cœur du Peuple, il n'en sortira pas ; il ira grandissant chaque jour. Les lassitudes, les dégoûts, les malaises indicibles que lui occasionneront les démagogues pourront l'assoupir quelque temps ; mais il grandira même dans cet assoupissement.

Qu'est-ce qui fait la force des démagogues? C'est leur principe. Le Peuple, qui souvent les méprise, qui aimerait bien mieux avoir d'autres chefs, reste attaché à eux, parce qu'il ne veut pas s'abdiquer. On ne détruira la démagogie qu'en étant franchement, vigoureusement républicain, en donnant au Peuple des chefs qui le conduisent du côté où il veut aller, qui l'y conduisent sur une bonne route et sans secousse. Il arrivera plus sûrement qu'en courant à travers champs, conduit par des démagogues qui le font verser et brisent son véhicule. Mais pour cela, il faut absolument le conduire où il veut, en avant, et non pas tâcher de le lier et le garotter pour le mener au passé, bon gré malgré. En France, on verra l'instinct public aller à la république, même à travers la démagogie, qui est sa caricature, comme on voit, dans les pays très-catholiques, les fidèles vénérer la robe du prêtre, sans s'inquiéter quel est l'homme qui la porte, et s'agenouiller à ses pieds. Dans l'un et l'autre cas, on ne vénère pas l'homme, on vénère ce qu'il représente. Si de mauvais prêtres sont très-dangereux, il faut en avoir de bons qui seront très-utiles, en se servant, dans un but moral, du pouvoir que l'opinion accorde à ce qu'ils représentent. Si de mauvais démocrates sont très-dangereux, parce qu'ils peuvent démoraliser le Peuple, il faut en avoir de bons qui se serviraient dans un but moral du pouvoir que l'opinion publique accorde à ce qu'ils représentent. Mais si on se borne à attaquer la religion en même temps que le mauvais prêtre, celui-ci conservera sa puissance, en disant à ses fidèles : Vous voyez que ce n'est pas moi qu'on attaque, c'est la religion qu'on attaque en moi. La question ainsi posée, les fidèles le défendront. Il en est de même dans le second cas. Les démagogues diront : Ce n'est pas nous qu'on attaque, c'est la république qu'on attaque en nous ; et le Peuple les défendra, non pas pour eux, mais pour la république.

Depuis deux ans, les partis anti-républicains ont cru

avoir trouvé une arme de guerre bien formidable, en
trouvant et publiant des révélations scandaleuses sur les
personnes qui étaient à la tête du mouvement de février, et
nous ont donné la république. L'un était un ivrogne,
l'autre un chevalier d'industrie, l'autre un ambitieux ruiné,
l'autre un intrigant sans conviction. Chaque matin, les
journaux servaient ces révélations à leurs abonnés comme
un régal très-friand ; on se souvient des livres de Chenu
et du mouchard de la Hodde, et de leurs héros, Caussi-
dière et Pornin, etc., etc. Quand toutes ces révélations
auraient été rigoureusement vraies, qu'est-ce qu'elles prou-
vent? La force du principe démocratique, triomphant
malgré les plus misérables instruments. Jadis un impie,
voulant rendre semblable à lui un catholique très-pieux,
le conduisit à Rome : là il lui montra, dit-on, les cardi-
naux vivant avec des maîtresses, faisant ripaille toute la
journée, etc., etc. Quand il lui eut montré cet affligeant
spectacle, il lui demanda d'un air moqueur s'il était encore
aussi croyant. Plus que jamais, répondit celui-ci ; il faut
qu'il y ait réellement une main divine dans ma religion,
puisqu'elle soutient, moralise et émancipe les hommes,
malgré de si misérables instruments. C'est, en effet, la
vertu des idées vraiment puissantes et fécondes de triompher pour ainsi dire toute seule, ou avec l'appui de gens
peu considérés. De tout cela, que devons-nous conclure?
Que la religion est une immoralité, que la république
est une poignée de coquins? Non, assurément ; il faut
conclure que ce sont là deux principes très-puissants, qu'il
serait insensé d'attaquer. Mais on peut, on doit souvent
attaquer leurs instruments, afin que les individus soient
de plus en plus dignes de la cause qu'ils représentent. La
république, en un mot, est une arme infiniment puissante.
Ce n'est pas l'arme qu'il faut briser ; on n'y réussirait
pas. Il faut l'enlever aux mains indignes qui souvent en
abusent.

Si on en excepte quelques esprits têtus, quelques individus compromis voulant se maintenir aux postes qu'ils
occupent en compromettant les autres, on comprend assez

généralement, par raisonnement ou par instinct, qu'on ne peut se débarrasser définitivement du principe démocratique. On se borne à vouloir le museler pour un certain temps ; on veut s'endormir dans un provisoire quelconque, comme Montaigne, qui dormait très-bien, dit-il, sur l'oreiller du doute. Qu'on nous donne quinze ou vingt ans de paix, comme sous Louis-Philippe, il arrivera ce qui pourra après, ce sera toujours tant de pris. Sans relever ce que cette manière de voir a d'égoïste, je vais montrer ce qu'elle a de dangereux. Que feront pendant ce temps tous les instincts démocratiques et même socialistes, privés du grand jour de la presse, de la tribune, du libre contrôle exercé par le bon sens public, contrôle qui les épure et les adoucit, quand il ne les détruit pas? Ils se nourriront de rancune et de haine, se changeront en instincts aussi utopistes que féroces, corrompront peut-être la conscience du Peuple, et au premier ébranlement se rueront sur la société comme des chiens bouledogues toujours nourris dans une cave. Est-ce à cela qu'on veut de sang-froid exposer sa vieillesse ou ses enfants? Il n'y a de dangereuses que les forces long-temps comprimées.

Que peut-on craindre de la liberté, de la liberté illimitée de la presse, de la tribune, de la liberté sous toutes ses faces? On peut en craindre le renversement graduel de tout ce qui n'est pas utile à l'intérêt général. Mais l'intérêt général, c'est la vérité et la moralité mêmes ; le mensonge, l'immoralité, tous les vices ne seront jamais que des intérêts particuliers. Quelles sont nos institutions qui ne soient pas dans l'intérêt général? On verra qu'il y en a bien peu. Est-ce la religion? Mais elle est l'âme même de la démocratie ; un peuple athée, s'il pouvait exister, ne serait qu'un peuple d'esclaves. Est-ce la propriété héréditaire? Sans doute ; elle a souvent de tristes résultats, comme toutes les choses de ce monde. Mais elle a son principe et son but éminemment moraux. Ce principe et ce but, elle ne les a qu'à condition d'être héréditaires. La propriété est dans la nature de l'homme. Les mendiants tiennent à leur place au soleil, à leur place au coin d'une église. Que peut-on craindre dans un pays où les neuf dixièmes de la population sont propriétaires? Ah! si nous vivions en Russie, où il y a un propriétaire sur deux cents habitants, où la petite propriété n'existe qu'à condition d'être grevée de redevances au seigneur, je concevrais qu'on eût quelques inquiétudes. Il y aurait beaucoup à détruire. Mais chez nous!... aucun pays au monde n'a sa propriété foncière aussi solide, aussi garantie par tant d'intérêts. Chez nous, il y a peu, très-peu de choses à détruire; mais en revanche il y en a beaucoup à fonder.

Qu'avons-nous à fonder? Ce n'est pas un trône. Fonder un trône actuellement, ce serait bâtir en plein hiver un palais sur un étang gelé. A la première chaleur du printemps, la glace craquerait, et tout tomberait dans l'abîme.

Ce qu'il y a à fonder, c'est notre crédit foncier, à raffermir la propriété rurale déracinée par l'hypothèque et l'usure. Le gouvernement, dans l'intention très-louable de faciliter l'industrie, a créé la banque de France, qui, au moyen de succursales dans tous les grands centres industriels, donne au commerce les capitaux dont il a besoin au taux de quatre pour cent. Nos agriculteurs paient les mêmes capitaux huit et dix pour cent, quelquefois plus, en y comprenant les honoraires du notaire. Ne pourrait-on pas, en prenant modèle sur les banques agricoles de Silésie, de Lombardie, en faisant mieux même, si c'est possible, assurer à l'agriculture de quoi vivre? Ne pourrait-on pas, au moyen d'une bonne loi sur les associations, réparer les inconvénients du morcellement de la propriété, diminuer les frais de culture, améliorer et augmenter les produits?

Ce qu'il y a à fonder, c'est le patronage et l'association industrielles. L'industrie est en pleine anarchie. La concurrence s'exerce à l'aide des moyens les plus immoraux. Partout le capital écrase le travail. En veut-on un exemple? Voici un fait que j'ai vu : Un très-honorable aubergiste avait entrepris un service de voitures, allant d'une ville à une autre. Le prix des places était ce qu'il devait être pour donner de modestes bénéfices. Une entreprise rivale, disposant d'un gros capital, prend la résolution de ruiner cet honnête homme. Elle met les places à un prix si modique qu'elle perdait cent francs par jour. Elle ruine son concurrent. Le public n'en profita pas en définitive; le jour où elle fut seule, elle exigea des prix exagérés pour réparer ses pertes; elle les exige encore, et réalise de gros bénéfices. Nul n'ose lui faire concurrence, car elle recommencerait sa première manœuvre. Si on peut faire, si on fait dans d'autres industries ce que j'ai vu dans celle-là, il faut reconnaître que le capital a sur le travail des priviléges immoraux et exorbitants. Je ne demande pas qu'on abolisse le capital, je reconnais son action bienfaisante et productive; mais il me semble qu'on pourrait le modérer dans sa tendance désordonnée à dominer, pressurer, écraser le travail. On a fait une loi contre l'usure; cette loi est très-juste, très-morale, quoique M. Léon Faucher ait cru le contraire, l'ait dit même à la tribune. Le gouvernement n'a pas pour mission de toujours soutenir les forts; il a pour mission de protéger les faibles. Je m'arrête dans ces considérations. Comme des milliers d'empiriques ont proposé chacun leur remède, je pense que le besoin d'un remède nouveau ne se fait pas assez généralement sentir.

Etablissons solidement la république démocratique et chrétienne. Nous ne savons pas positivement quels divers fruits elle portera; ce que nous savons, c'est qu'ils seront bons. Le gouvernement n'aura pas à s'en mêler; je suis à ce sujet complètement de l'avis de Saint-Just, qui disait que le gouvernement ne pouvait pas être un faiseur de brochures, un entrepreneur de systèmes. Le gouvernement démocratique, qui a pour base le pays tout entier, est le gérant responsable des intérêts de tous; il ne peut accepter et convertir en lois que les idées généralement acceptées et imposées par la majorité du pays, c'est-à-dire par le bon sens public. Si l'on considère la force de l'habitude, la routine, les préjugés, on concevra combien d'obstacles et de temps devra subir une idée même juste, pour être généralement acceptée et convertie en loi. On peut, dans un moment de trouble, le lendemain d'une révolution, séduire les masses ouvrières par certaines théories ; mais de là à arriver à les faire généralement accepter, il y a une grande distance. Où en sont aujourd'hui tant de théories écloses en 1848? Tous les boutons qui fleurissent ne deviennent pas des fruits ; un changement dans l'atmosphère, le vent, la pluie, les insectes les détachent de leurs branches et les jettent sur le chemin. Et ceux qui résistent à ces dangers ne sont pas encore mûrs avant un grand laps de temps. Une vieille société ne se reforme pas à neuf comme une cuiller de plomb. Nos impatients seraient singulièrement découragés, s'ils savaient qu'un jour on lira dans l'histoire : « Telle idée n'a mis que cinquante ans pour triompher; telle autre a mis quatre-vingts ans; telle autre un siècle. » Si on ne travaille pas à l'amélioration sociale avec un désintéressement personnel complet, trouvant sa seule récompense en Dieu et en sa conscience, on éprouvera de graves mécomptes. Peut-être n'est-il pas inutile de le leur dire, car il y en a beaucoup qui pensent comme Voltaire : que tout Français devrait faire le bien de son pays, et tout d'abord le sien. Qu'ils soient donc bien avertis : le principe démocratique est un client qui ne paie pas toujours, qui paie rarement ses défenseurs. Ceux qui n'ont d'autre mobile qu'une ambition personnelle feront sagement de passer de l'autre côté le plus tôt possible. L'autre côté aura long-temps encore de l'argent, des places, de la considération à donner, quoi qu'il arrive, à ceux qui épouseront ses intérêts et ses rancunes, même les moins avouables.

La paix intérieure, le développement logique et graduel de nos institutions n'offrent donc absolument aucun danger aux partis réactionnaires. Le danger ne serait que dans une compression violente qui amènerait une lutte et la guerre civile.

Si ces partis ont une véritable intelligence de leurs intérêts, ils oublieront ce qu'il y a d'impossible ou de très-dangereux à réaliser dans leurs espérances. Ils forceront la majorité, enchaînée par un vain amour-propre, à abroger la loi du 31 mai; c'est là un point capital.

Une fois cette grande réparation accomplie, il n'y aura qu'à reconnaître sincèrement que nous sommes tous frères et égaux, qu'entre nous il ne peut y avoir d'autre distinction que celle que créent l'intelligence, la moralité, le travail. On organisera la république de manière à ce que chacun moralise ses espérances et oublie ses craintes. Je reconnaîtrai volontiers que la Constitution est imparfaite, qu'elle motive trop de coupables espérances et de justes craintes; je reconnaîtrai qu'elle ne donne pas assez de garantie à de graves intérêts, qu'elle livre trop le pouvoir à l'intrigue et à l'aveuglement des masses indisciplinées. De même que dans une maison bien administrée, il est scandaleux de voir un jeune blanc-bec de vingt-un ans contrebalancer par sa volonté celle de son père, dont il n'a ni le bon sens ni l'expérience, de même il est scandaleux que la loi admette ces deux votes pour une même valeur, leur donne un égal poids. Je prêterais volontiers mon adhésion à la création d'une chambre haute, destinée à contrebalancer la première, et nommée par les pères de famille exclusivement, âgés de 40 ans, mais sans distinction de fortune ni de naissance. Comme il serait dangereux de faire nommer le pouvoir exécutif par la nation, parce que ce serait créer un antagonisme à la représentation nationale, les deux chambres réunies nommeraient le pouvoir exécutif à la majorité. Le pouvoir exécutif serait composé de un, trois ou cinq membres. On aviserait à sa meilleure organisation. Une fois ces bases admises, je crois que le pays reprendrait ses élans de prospérité matérielle et sa tranquillité morale. Ainsi, on pourrait non-seulement faire nommer une chambre haute par les pères de famille exclusivement, mais on pourrait aussi faire nommer les maires par eux. Qui pourrait s'en plaindre? Qui cela froisserait-il? Un fils pourra-t-il s'étonner que la loi donne à son vénérable père une autorité plus grande que la sienne dans les affaires publiques? Ah! je n'ai pas le bonheur d'avoir

encore mon père, et son souvenir ne me vient qu'avec
des larmes; mais si j'avais le bonheur de l'avoir, je serais
le premier à trouver immorale une loi qui ne considére-
rait pas son vote plus que le mien. Soyez certain que dans
la population de nos campagnes, dans celle plus ardente
de nos villes, une telle loi ne rencontrerait qu'adhésion
unanime, elle irait au cœur de tous les fils.

L'élément conservateur est tout trouvé. Il n'excite ni
haines, ni jalousie; il ne froisse en rien le parti démocratique; il ne rétrécit pas la base du gouvernement,
qui s'étend toujours sur le pays tout entier. Cet élément
conservateur aura les respects unanimes; il est d'une
solidité inébranlable; il est pris dans la nature même de
l'homme. Il sera bien autrement vivace, fécond et respecté
qu'une aristocratie héréditaire comme l'aristocratie anglaise. Le temps, loin de lui rien enlever, lui apportera
chaque jour une nouvelle force. Et en lui-même, n'est-il
pas très-rationnel? Il fait de la famille le type de l'état.
Dans toute famille bien réglée, la volonté du père, mûrie
par l'expérience, domine celle du fils, plus ardente, plus
audacieuse, mais aussi plus périlleuse. Une chambre
haute, exclusivement élue par les pères de famille âgés
de quarante ans, sera le modérateur, la tradition, l'expérience, dans une société qui pourrait périr dans ses élans
audacieux et passionnés. Une chambre unique, issue direc-
tement du suffrage universel, est trop impressionnable, trop
dépourvue des éléments d'expérience et de tradition, trop
encline à abuser de son autorité. C'est plutôt une arme de
guerre qu'un gouvernement stable. On conçoit les inquiétudes du pays devant une chambre unique. Je crois que
notre Constitution actuelle est vicieuse en ce point.

Je soumets mon idée à l'appréciation de l'opinion. Je
la crois bonne. Je ne puis pourtant pas oublier qu'on a
fait peu de chose en perfectionnant l'instrument, si on ne
perfectionne pas l'ouvrier qui doit s'en servir. Il faut absolument, sous peine de convulsions perpétuelles, de
ruines incessantes, d'anarchie continuelle, christianiser
le pays, le christianiser jusqu'à la moëlle des os. Il faut

que la conscience publique revienne à qui a su la régler,
à qui elle appartient légitimement. Il faut l'enlever à tout
usurpateur. Quels sont ces usurpateurs? La conscience
d'une grande partie de la haute Bourgeoisie appartient
encore à Voltaire ou à quelques philosophes, ses successeurs. Ce patriarche de Ferney, adulant les puissants en
face, se moquant d'eux par derrière, riche à cent mille
livres de rente qu'il avait gagnées, fréquentant le grand
monde et le méprisant, ne croyant qu'au succès, regar-
dant l'humanité comme un troupeau livré au hasard et à
la folie, vieillissant puissant et redouté, a été et est encore
l'idée de toute une classe. Pendant long-temps, les jeunes
fils de cette classe voulaient tous être de petits Voltaires,
et leurs pères trouvaient que c'était là une bien noble
ambition. Ce qu'il y a de très-immoral dans cette secte
soi-disant philosophique, c'est son arme favorite, c'est le
persifflage, l'ironie; c'est cette tendance à abaisser l'hé-
roïsme, l'abnégation, les sublimes folies de la vertu en-
thousiaste, devant le froid égoïsme d'une race d'épiciers,
qui ne voient dans la vie rien de sérieux que le bien-être
matériel, l'amour de soi, la poursuite de la puissance et
de la richesse. Sans doute, le persifflage produit l'égalité;
mais il la produit en abaissant ce qui est grand au niveau
de ce qui est petit, comme le pionnier produit l'égalité
dans une forêt en abattant les grands arbres. Je conçois
quel plaisir, quelle immense satisfaction d'amour-propre
dut ressentir la Bourgeoisie, sous Louis XV, quand Voltaire lui donna *Candide*, et surtout *la Pucelle*, où il lui
montrait le courage des Dunois et des Xaintrailles comme
bien ridicule, la foi de la pucelle comme une jonglerie,
etc., etc. Elle crut que l'égoïsme individuel, auquel elle
était très-encline, était l'idéal de la sagesse philosophique,
et qu'avec cela on pouvait prétendre à tout, pourvu qu'on
eût quelque intelligence des affaires. Quel bon ministre
de Louis-Philippe Voltaire aurait fait! Comme il aurait
bien personnifié et compris l'ex-pays légal!

Espérons que l'influence de cet homme ira s'affaiblissant chaque jour ; il n'a pas laissé de souvenirs profonds au cœur du Peuple, ayant été plutôt une idole bourgeoise qu'une idole populaire. On peut remarquer que la saine partie de la Bourgeoisie est dès long-temps blasée à l'endroit de cette idole. Le second et plus dangereux usurpateur de la conscience publique est Napoléon Bonaparte, non pas que je veuille l'accuser d'avoir voulu jouer le rôle de pontife : il eut trop de bon sens pour affronter ce ridicule. Mais ayant gouverné la France à la suite d'une époque de scepticisme, succédant à la corruption du directoire, étant ferme, digne, audacieux, il présenta à l'imagination publique un homme comme on n'en voyait pas depuis long-temps. Quand les imaginations, désenchantées de leurs rêves, s'assoupissent quelques moments dans un immense dégoût des hommes et des choses, elles sont difficiles à enflammer de nouveau. Mais si elles s'enflamment, leur ardeur devient un véritable délire. Napoléon se vit entouré de ce délire d'admiration. Il n'accepta qu'une partie de l'héritage de la révolution ; il répudia même la meilleure partie de l'héritage, soit que son génie lui fît défaut, soit que les circonstances ne le permissent pas. Les idées de fraternité, de souveraineté du Peuple, de liberté de la pensée, furent répudiées par lui. Il n'accepta que l'idée de nationalité, de centralisation, pour l'unité et l'indivisibilité du Peuple, d'émancipation partielle des individus par l'intelligence et le travail ; il fit bien valoir la part de l'héritage républicain qu'il accepta ; jamais la nationalité de la France ne rayonna d'un éclat plus vif ; jamais l'unité et l'indivisibilité du Peuple ne montrèrent autant leur puissance que dans sa rigoureuse centralisation ; jamais autant de prolétaires ne s'émancipèrent par leur intelligence et leur travail. Pourtant la partie de l'héritage républicain répudiée par Napoléon lui a fait un jour sentir sa puissance ; elle a demandé, elle demande encore à être mise en valeur. Mais ce n'est pas là l'ouvrage d'un homme, c'est l'ouvrage de tout un peuple.

Quoi qu'il en soit, Napoléon est tombé, et les principes qu'il avait fait triompher, quoique définitivement acquis à la société, ont souffert de sa chute. La nationalité française a été humiliée ; la naissance et la fortune ont éclipsé la valeur personnelle des officiers de l'empire, etc., etc. Enfin Napoléon est mort comme le martyr de son œuvre. Sa vraie popularité n'a commencé qu'à sa chute définitive ; alors seulement on lui a trouvé un côté très-républicain, qu'on ne voyait guère quand il était le maître, et que réellement il personnifiait et propageait, sans en avoir une conscience complète. Les erreurs de la restauration, la platitude du gouvernement de juillet, ont grandi son nom avec une exagération incroyable. Il était très-grand, en effet, si on le comparait ; mais examiné en lui-même, il était fort incomplet ; il n'avait accepté et mis en valeur qu'un tiers tout au plus des idées républicaines. Si on le comparait, c'est assez pour expliquer sa popularité. C'est assez pour expliquer tous ces refrains, toutes ces gravures, toutes ces légendes dont il est le héros, pour que tout cela ait pénétré dans les chaumières et dans les ateliers. L'œuvre de Napoléon est bonne en partie ; elle ne peut jamais être le dernier mot de la France. Il faut modérer cet engouement irréfléchi qui agite quelques têtes au nom seul de Napoléon, qui veut sacrifier à ce nom le présent et l'avenir. Ce nom parle à l'imagination ; il ne parle pas à la conscience, il ne la satisfait pas. Dans la décrépitude de la république romaine, alors que le monde était livré aux immondes doctrines d'Epicure, d'Horace, de Lucrèce, alors qu'on ne croyait qu'à la force et qu'on en avait épuisé toutes les combinaisons, alors qu'il ne s'agissait plus que de livrer les dépouilles du monde à la cupidité de Rome, je conçois que le Peuple soit tombé de lassitude entre les bras des Césars, qu'il ait adulé Tibère, Caligula et Néron, qu'il les ait mis au rang des dieux, et qu'un collége de prêtres ait été chargé de faire vénérer leur mémoire. La conscience publique, qui ne croyait qu'à la puissance, acceptait volontiers le culte de son souvenir. Chez nous, aujourd'hui, c'est adresser une injure sanglante à la conscience publique que de lui vouloir imposer le culte de la force et une ère des Césars.

Les hommes, tels qu'ils soient à l'avenir, ne pourront arrêter à eux l'humanité; ils ne seront, quoi qu'ils fassent, que les instruments temporaires de la grande œuvre de régénération qui se poursuit depuis dix-huit cents ans. Celui à qui appartient irrévocablement la conscience humaine n'a pas ébloui le monde de ses victoires, il n'a pas promené ses armées triomphantes de Cadix jusqu'à Moscou, il n'a pas eu toute une famille de rois. Ses lieutenants ne s'appelaient pas Kléber, Désaix, Lannes, prince de Wagram, prince d'Ekmulh, prince de la Moskowa, duc de Tarente, duc de Raguse, duc de Reggio, duc de Dalmatie, duc de Bellune, etc., etc. Il ne promenait pas sa gloire des Tuileries à Aranjuez, de Schœnbrunn au Kremlin. Quand il sortait de ses appartements, des tambours ne battaient pas aux champs, et les têtes de milliers de soldats ne se penchaient pas de respect, ou ne se relevaient pas par curiosité, pour contempler ses traits; le bruit du canon ne faisait pas sortir le Peuple de sa demeure pour annoncer sa présence. Oh! non, celui qui a conquis irrévocablement les conférences n'avait ni cet éclat, ni cet appareil de puissance. Il avait simplement pour auxiliaires quelques pauvres hommes, qui s'appelaient Pierre, Jean, Mathieu, Jacques, etc., etc. Il voyageait à pied ou sur un âne. Il passa sa vie à annoncer sa doctrine et à faire du bien. Il est mort sur une croix, comme un criminel. Celui-là, le Peuple ne l'a pas oublié et ne l'oubliera pas. Il s'appelle Jésus de Nazareth, notre Sauveur.

C'est lui qui nous a appris à aimer les humbles, les faibles, les malheureux de tout genre, à les aimer pour les aider et les consoler. C'est lui qui conduirait aujourd'hui les riches et les puissants dans la chambre étroite et nue où un pauvre père de famille est étendu sur un grabat. Près de lui, sa femme, pâle de souffrance et d'inquiétude, est en prières, sollicitant le Tout-Puissant de guérir bientôt son époux, ou, s'il doit le faire mourir, de faire mourir ses enfants et elle ensuite. Car, que deviendraient-ils sans leur père, ces pauvres petits? Leur mère pourra-t-elle gagner assez pour les nourrir? Et ces pauvres petits pleurent, parce que leur père va mourir, parce que leur mère les presse sur son sein baigné de larmes, parce que peut-être ils ont faim et froid.

Si le père vient à guérir et à reprendre ses travaux dès sa convalescence, son jeune enfant content, mais toujours inquiet, ira à sa rencontre à l'heure où il doit rentrer. Il demandera à décharger son père, encore faible, de quelques-uns des outils; il les chargera sur son épaule débile, et sera tout fier de son fardeau. Et le père bénira Dieu de lui avoir donné ce bon petit. Rentré dans sa demeure, il s'accroupira sur le seuil pour contempler la bonne et gracieuse figure de son enfant, pour cueillir un baiser sur son front, et, dans ce baiser, tous les parfums de la jeunesse et de l'innocence. Ce baiser, qui lui rafraîchira l'âme, sera pour lui le meilleur des remèdes. Et, leur montrant ce spectacle, il les rendrait meilleurs.

Aimez les pauvres ouvriers. Ils ne sont quelquefois méchants que parce qu'ils ont été très-malheureux. Aimez-les et secourez-les, ils seront bons. Ils sont naturellement bons. La plus noble naissance est d'être né du Peuple, car elle apprend à s'aimer en souffrant ensemble.

Si on veut que les hommes soient bons, il faut les traiter avec bonté. Par cela on est heureux soi-même; le secret d'être heureux n'est autre chose que celui de rendre heureux ceux qui nous entourent. Dieu a ainsi établi la solidarité humaine.

Voyons, dans les individus sur lesquels nous avons quelque autorité, des personnes que nous avons pour mission de rendre heureuses, du bonheur desquelles nous sommes responsables devant Dieu et la société. N'y voyons pas seulement des instruments de notre fortune, de notre caprice ou de notre ambition. Quelle amitié, quelle reconnaissance pourrions-nous espérer de gens que nous aurions traité comme de simples machines de travail, auxquelles on essaie de faire rapporter le plus possible, en les entretenant le meilleur marché possible? Si un danger quelconque nous menace, et que nous demandions leur appui pour nous en garantir, ne penseront-ils pas, n'agiront-ils pas comme l'âne dont parle Lafontaine : « Un marchand forain avait un âne qui le portait, avec sa marchandise; la pauvre bête recevait force coups, portait de lourdes charges, et vivait fort mal, broutant de mauvaise herbe, pleine de poussière, sur le bord des chemins. Un jour qu'elle broutait ainsi, son maître court à elle, tout effaré, monte dessus, et lui dit : Cours, cours, galoppe le plus vîte que tu pourras, j'aperçois l'ennemi qui vient à nous, et qui, si nous ne faisons diligence, nous aura bientôt attrappés. L'âne ne bouge pas; il demande à son maître ce que lui fera l'ennemi, s'il lui fera porter double bât, double charge, s'il le fera vivre sans manger. Non, répondit le maître. Fuyez donc tout seul, et me laissez paître; notre ennemi, c'est notre maître, je vous le dis en bon français. » Croit-on que nos ouvriers et nos paysans n'aient pas souvent fait ce raisonnement de l'âne? Croit-on qu'ils aient toujours tort?

Des Romains païens ont seuls pu définir la propriété : *le droit d'user et d'abuser d'une chose.* Des chrétiens devraient la définir : *le droit d'user d'une chose pour rendre les hommes heureux.* C'est cette notion païenne de la propriété, acceptée pleinement par plusieurs riches, qui leur fait considérer leurs propriétés et leurs colons comme une propriété à revenus seulement. De la sorte, un colon d'aujourd'hui, écrasé de charges, pouvant à peine vivre, est bien plus malheureux qu'un esclave des temps païens. L'esclave des temps païens étant la chose de son maître, celui-ci l'aimait, le ménageait par cupidité; mais aujourd'hui on a des esclaves de rechange. Aujourd'hui, au moindre caprice de son maître, pour le plus léger intérêt, le colon est chassé, jeté dehors, nu. Que fera-t-il, ce colon? Il ira ailleurs, dans une autre métairie. Oui, mais y trouvera-t-il tous les souvenirs de sa vie : ce champ, ce mur, ce pré, cet arbre, témoins et confidents de son passé. Cette vieille pierre, où s'asseyait sa mère pour tricoter ou pour filer ; cette haie, où il gardait les troupeaux à l'ombre ; ce grand arbre cornu qui penchait la tête, semblable à un démon qui se promène cherchant quelque chose par terre ; ce petit coin, où il a rêvé et pleuré ; cette grande branche, d'où il a manqué tomber en allant dénicher un nid. Toute cette série de souvenirs, écrite dans cette métairie, comme dans un livre, qui est le livre de sa vie, dont il sait lire tous les mots, livre que d'autres ne comprendront pas, livre d'enseignement, de consolation, de moralité ; ce livre, pourra-t-il l'oublier, et commencer, déjà vieux, à en épeler un autre? Non, il ne le pourra pas. Ah! j'en ai vu un de ces vieux laboureurs, ainsi renvoyés de leur métairie natale, languir, pâlir, et leur visage encadré de cheveux blancs, et leurs membres maigris, et leur taille couverte d'un vieux gilet de laine, affaiblie et pliante. Je l'ai vu faire son nouvel ouvrage, sans force, sans goût, et des larmes silencieuses coulant sur sa figure, comme dans des sillons, tant les rides étaient devenues profondes. Je l'ai vu malade, exposé devant sa porte au soleil. Mais ce soleil était trop chaud ou trop froid ; il ne valait pas son ancien soleil. Il éclairait les choses d'une manière toute bizarre ; on dirait que les murs sont couverts de laine, que les bœufs ont de la mousse sur les reins ; les poules même marchent tout de travers. On emportait le vieillard, et on le faisait coucher pour mourir.

Faisons donc nos efforts, nous tous, pour que la conscience publique revienne complètement sous l'empire des principes, les seuls moraux, les seuls conservateurs, les seuls progressifs, les seuls vrais, les principes chrétiens. Que la France conserve son rôle, le rôle que lui assignait, il y a trois cents ans, le plus grand poète d'Angleterre, de premier soldat de Dieu dans l'humanité ; qu'elle ne fasse pas son idole de la gloire militaire et des grandes richesses ; qu'elle ne cherche pas à dépouiller et à asservir le monde. Non. Mais qu'elle prête son bras partout aux opprimés, qu'elle change le cœur des égoïstes, afin que tous ses enfants puissent s'aimer, et avoir du travail et du pain. Et qu'enfin, dans le courant des âges, elle vienne s'asseoir au foyer des Peuples affranchis, respectée et chérie, comme une bonne vieille qui a beaucoup travaillé, beaucoup souffert, beaucoup aimé.

FIN.